amicoさんのかわいい手袋が大集合！

ワクワク 保育で使える！
手袋シアター

amico 著

ナツメ社

はじめに

この本を手にとってくださった皆様とのご縁に心から感謝します。

幼稚園で働いていた経験を生かして手袋シアターを作り続けるうちに作品がたくさん増え、少しでも先生方のお役に立ちたく、ホームページやSNSでデザインを公開させていただいております。
たくさんのご縁を経て、この度手袋シアターを一冊の本にしていただけることになりました。

巻末には型紙もついていますので、ぜひ手作りも楽しんでください。自作することで作品に愛着がわくこと間違いなしです。
演じ方に決まった形はないので、ぜひぜひ工夫してみてください！
それぞれの色に完成した作品が、喜びにつながり、楽しく演じることで、子どもたちの目はキラキラ！
子どもたちと一緒に手袋シアターを楽しんでいただけたら嬉しいです♪

amico

> 子どもたちも大喜び！

手袋シアターを楽しみましょう！

カラフルな手袋の舞台と、かわいい人形アイテムたちで織り成す手袋シアター。
小さな舞台から大きな想像力が生まれる魅力満載の世界を楽しんでくださいね。

Q 手袋シアターって何だろう？

A うたやおはなしに合わせて楽しむ、カラフルな手袋と人形アイテムたち

カラー手袋を舞台に、手あそびやうた、おはなしに合わせてアイテムを動かしながら、演じて楽しみます。「わぁ〜、これは何だろう？」「次は何が出てくるかな？」などの言葉かけを行いながら演じることで、好奇心旺盛な子どもたちの指差しやつぶやきなど様々な反応を引き出すことができる視覚教材です。

> パッとできてかんたん！

活動の導入や、すき間時間に

短い時間で演じることができるので、ちょっと空いたすき間時間や活動前の導入として子どもたちの気持ちを向けたり集中させたりすることができます。

> 使い方いろいろ！

季節や行事、保育シーンに合わせて

季節や行事に合わせて楽しめる作品が多数あります。またおべんとう、てあらい、はみがきなど、毎日の生活習慣についても楽しみながら知ることができます。

いろいろな食べ物があるね！

虫歯をやっつけよう！

> こんな楽しみ方も！

保育場面だけでなく、病院や介護福祉施設、おはなし会や地域の行事など様々な場面で手軽に演じることができます。

もくじ

- はじめに……2
- 手袋シアターを楽しみましょう！……3
- 本書の特長と使い方……6

Part 1　春に楽しむ

キャベツのなかから……8　型紙 p.113

コロコロたまご……12　型紙 p.114

おはなしゆびさん……16　型紙 p.115

Part 2　夏に楽しむ

あめふりくまのこ……20　型紙 p.116

たなばた……24　型紙 p.117

カタツムリとカエル……28　型紙 p.118

Part 3　秋に楽しむ

どんぐりころころ……32　型紙 p.119

とんぼのめがね……36　型紙 p.120

やきいもグーチーパー……40　型紙 p.122

松ぼっくり……44　型紙 p.123

Part 4　冬に楽しむ

あわてん坊のサンタクロース……48　型紙 p.125

節分　～オニとおたふくさん～……52　型紙 p.126

ゆきダルマのチャチャチャ……56　型紙 p.128

きらきらぼし……60　型紙 p.128

Part 5　通年楽しむ

どんな色がすき？ …… 64　型紙 p.129

5つのメロンパン …… 68　型紙 p.130

リンゴがコロコロ …… 72　型紙 p.131

Part 7　生活習慣に親しむ

とけいのうた …… 88　型紙 p.138

はみがき …… 92　型紙 p.139

おべんとうのうた …… 96　型紙 p.141

てあらい …… 100　型紙 p.142

Part 6　おはなしを楽しむ

てぶくろ …… 76　型紙 p.132

ももたろう …… 80　型紙 p.134

にんじん だいこん ごぼう …… 84　型紙 p.136

手袋シアターを楽しむために

- 手袋シアターのきほんの作り方 …… 104
- 使っている道具・材料 …… 106
- きほんの演じ方 …… 108
- 視覚教材としての手袋シアター …… 110
- 伴奏コード …… 112
- 型紙 …… 113
- おわりに …… 143

本書の特長と使い方

1 演じ方見本を写真つきで掲載

どんな言葉をかけるか、どのタイミングでフェルトアイテムを出すか、など演じ方の見本を写真とともにわかりやすく紹介！

スタンバイの見本と演じ始めるときの導入の言葉かけの例です。

演じる時間のめやすです。

子どもの反応の例です。反応を見ながらやりとりを楽しみます。

スムーズに演じる方法や、盛り上げ方などをアドバイスします。

演じた手袋シアターから、保育活動につなげるアイデアを提案します。

子どもとのやりとりを引き出したり、盛り上げたりする言葉かけの例です。

演じた後の終わり方の言葉かけの例です。

2 楽譜や作り方も掲載

演じるテーマに合わせたうたの楽譜や歌詞、また手袋シアターの作り方もイラストでていねいに紹介！

3 全ての作品の実寸型紙を掲載

素敵な作品を自分で作るための型紙を、全作品、巻末に用意。実寸なので、拡大や縮小せずにそのままコピー可！

Part 1

春に楽しむ

ワクワクがたくさんの春。
入園や進級など新しい環境でドキドキしている子どもたちも、
すぐ楽しめるような手あそびを
テーマにした作品を集めました♪

春に楽しむ キャベツのなかから

すてきなちょうちょうの登場で子どもたちも大喜び！

所要時間 5〜7分　型紙 p.113

> 今日は大きなキャベツを持ってきたよ。この中にはね、キャベツだーい好きなあおむしがいるんだよ。

スタンバイ　手の甲側　手のひら側

両手の甲側をグーにしてくっつけ、キャベツの形を作っておく。

1

1番
♪キャベツのなかから
　あおむしでたよ

うたに合わせて動かす。

どんな
あおむしが
出てくるかな〜。

あおむしどこにいるの？

あおむしがいるんだって！

2

♪ピッ

手のひら側を向けて、右手の親指を立てる。

♪ピッ

左手の親指を立てる。

ネクタイしている！
ひげがあるよ

春に楽しむ

3

♪とうさん　あおむし

みんなこんにちは。あおむしのおとうさんですよ。

うたに合わせて左右に揺れる。

おとうさんがふたりだー

4

[2番]
♪キャベツのなかからあおむしでたよ

再び手をグーにして、1の動作を繰り返す。

♪ピッ　ピッ

人差し指を立てる。

♪かあさん　あおむし

うたに合わせて左右に揺れる。

5

3番
♪キャベツのなかから
あおむしでたよ
ピッ　ピッ
にいさん　あおむし

4番
♪キャベツのなかから
あおむしでたよ
ピッ　ピッ
ねえさん　あおむし

5番
♪キャベツのなかから
あおむしでたよ
ピッ　ピッ
あかちゃん　あおむし

中指を立てる。　　薬指を立てる。　　小指を立てる。

6

6番 ♪キャベツのなかから　あおむしでたよ

♪ピッ　　♪ピッ　　♪ピッ　　♪ピッ

親指から小指まで順番に、あおむし家族を登場させる。

7

♪ちょうちょに
なりました

両手をひろげ、親指の付け根を
つけてちょうちょにする。

ラスト

ちょうちょうさんは
大きな羽を広げて
どこに飛んで行って遊ぶのかな。
みんなもちょうちょうさんみたいに
外に出てたくさん遊ぼうね。

活動につなげるアイデア

「外にあおむしやちょうちょうを
探しに行ってみよう」などと言葉
をかけ、外あそびの期待を膨らま
せて楽しんでみてください。

♪ キャベツのなかから

作詞・作曲：不詳

1.~6. キャベツ の なか か ら あおむし でた よ ピッ ピッ

1. とう さん あおむし
2. かあ さん あおむし
3. にい さん あおむし
4. ねえ さん あおむし
5. あか ちゃん あおむし
6. ちょうちょに なりまし た

春に楽しむ

作り方　**素材** カラー手袋（若草2枚）　フェルト　丸ゴム　動眼　リボン

1 顔パーツをそれぞれ貼り、赤ちゃん、お姉さん、お兄さん、お母さん、お父さんのパーツを貼る。左手も同様に、対称に作る。

2 ちょうちょうパーツ、キャベツの芯パーツを作る。

3 ちょうちょうを手のひら側に、キャベツの芯を手の甲側に貼る。左手も同様に、対称に作る。

● 触角の作り方
ボンド　丸ゴム
ピンセットで編み目を少し広げて差し込む

ちょうちょの接着面
グルー
青い線の範囲にグルーをつけて貼る。
貼る

春に楽しむ

朝の会にもおすすめ！ひよこがかわいい手袋

コロコロたまご

所要時間 5〜7分
型紙 p.114

今日はみんなにかわいいたまごを見てほしくて持ってきたよ。たまごの中から何が出てくるかな〜。

スタンバイ

手の甲側

手のひら側

親指を4本の指の中に入れ、手を甲側をグーにして、たまごを前に出しておく。

1 【1番】

♪コロコロ たまごは

みんなも一緒にまねしてみてね。

手袋のたまごを見せながら、手をグーにしてグルグル回す。

おおきな たまごだ〜

2 ♪おりこうさん

手袋をしていない手で、なでる仕草をする。

よしよし、かわいいねってやさしくなでてあげようね。

おりこうさんってなに？

えらい、ってことだよー

春に楽しむ

3 ♪コロコロしてたらひよこになった

たまごから、こんなにかわいいひよこが生まれたよ。

「♪ひよこになった」で人差し指を立てて、ひよこを登場させる。他の指はしっかり折りまげて、別の箇所が見えないようにする。

演じ方POINT！
すばやく指を替え、手品のように場面を切り替えてみましょう。

4

2番
♪ピヨピヨひよこは

うたのリズムに合わせて動かす。

♪おりこうさん

手袋をしていない方の手で、ひよこをなでる仕草をする。

ひよこもおりこうさんだ

♪ コロコロたまご

作詞・作曲：不詳

春に楽しむ

春に楽しむ

人気の手あそびを手袋シアターで、盛り上げよう！

おはなしゆびさん

所要時間 2〜4分　型紙 p.115

みんな見て！このおはなしゆびさんには たくさんの家族がいるよ。パパにママ。 この指は誰かな。一緒に歌いながら見てみようね。

スタンバイ

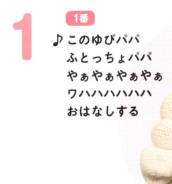

手袋をはめて、大きくひろげておく。

1

1番

♪このゆびパパ
　ふとっちょパパ
　やぁやぁやぁやぁ
　ワハハハハハハ
　おはなしする

親指のパパを出し、リズムに合わせて動かす。

2 | 2番
♪このゆびママ
　やさしいママ
　まぁまぁまぁまぁ
　ホホホホホホ
　おはなしする

人差し指のママを出す。

3 | 3番
♪このゆびにいさん
　おおきいにいさん
　オスオスオスオス
　ヘヘヘヘヘヘ
　おはなしする

中指のにいさんを出す。

4 | 4番
♪このゆびねえさん
　おしゃれなねえさん
　アラアラアラアラ
　ウフフフフフ
　おはなしする

薬指のねえさんを出す。

5 | 5番
♪このゆびあかちゃん
　よちよちあかちゃん
　ウマウマウマウマ
　アブブブブブブ
　おはなしする

小指のあかちゃんを出す。

6 | ラスト

たくさんの元気な家族が出てきたね。みんなはおにいさんになりたいかな？それともおねえさんかな？あかちゃんになりたいおともだちもいるかな？

春に楽しむ

活動につなげるアイデア
手袋を使って、家族のはなしをするきっかけにしてみてください。

♪ おはなしゆびさん
作詞：香山美子／作曲：湯山昭

作り方
素材 カラー手袋（肌色）　フェルト　動眼　リボン

1 それぞれの顔パーツを作る。

2 手のひら側に1と動眼を貼る。

Part 2

夏に楽しむ

梅雨や七夕など、夏の季節を感じられる
作品を集めました。
行事が始まる前の導入としても、
手袋シアターを楽しんでください♪

夏に楽しむ

梅雨時にぴったりな、かわいいうたを視覚で楽しもう

あめふりくまのこ

所要時間 5～7分 | 型紙 p.116

みんな、くまのこは雨の日何をしていると思う？
今日はくまのこの様子を見てみようね。

スタンバイ

エプロンポケット

エプロンのポケットに
アイテムを入れておく。

1

1番

♪おやまに あめが
　ふりました
　あとから あとから
　ふってきて

雨雲を中指に
つける。

くもがでた〜

2

♪ちょろちょろ　おがわが　できました

小川を山の下につける。

さかなが
いるよ～

夏に楽しむ

3

2番

♪いたずら　くまのこ　かけてきて
　そうっと　のぞいて　みてました
　さかなが　いるかと　みてました

おさかなさん
いるかな？

くまのこを登場させ、川をのぞき込む仕草をさせる。

4

3番

♪なんにも　いないと　くまのこは
　おみずを　ひとくち　のみました
　おててで　すくって　のみました

ゴクゴク

くまのこを傾けて、水を飲む仕草をさせる。

5

4番

♪それでも　どこかにいるようで
　もいちど　のぞいて
　みてました
　さかなを　まちまち
　みてました

もう一度川を
のぞき込む
仕草をさせる。

「いないかな〜？」

「また見てるね〜」

6

5番

♪なかなか　やまない　あめでした
　かさでも　かぶって　いましょうと
　あたまに　はっぱを　のせました

「これでぬれないぞ！」

くまのこの頭に
葉っぱをつける。

7

ラスト

「くまのこは
雨がふっても
楽しそうだったね。
みんなはおへやで
楽しく遊ぼうね。」

活動につなげるアイデア

雨の日にどんなあそびができるか話すきっかけにしてもよいですね。

♪ あめふりくまのこ

作詞：鶴見正夫／作曲：湯山 昭

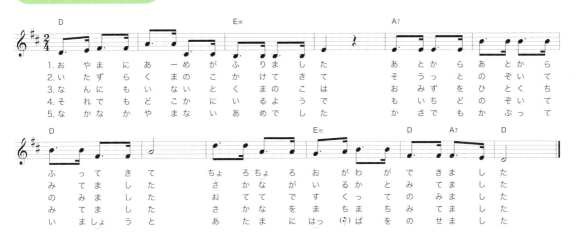

夏に楽しむ

作り方

素材　カラー手袋（肌色）　フェルト　トイクロス（黄緑・肌色）　動眼　刺繍糸　綿　面ファスナー（オス・メス）　接着芯

1. くま等のアイテムを作る。
2. 手袋に、山、草、花とトイクロスを貼り、1のアイテムの裏に面ファスナー（オス）を貼る。

夏に楽しむ たなばた

行事の由来のおはなしや、たなばた製作の導入にも使える！

所要時間 5〜7分　型紙 p.117

もうすぐたなばただね。みんなはたなばたのおはなしを知っているかな？　今からはじめるね。

スタンバイ

エプロンポケット

エプロンのポケットにアイテムを入れておく。

1
セリフ　織り姫は、機織りの仕事をいつもがんばる働き者でした。

今日もきれいな織り物を作りましょ。

織り姫と機織り機を手袋につける。

2

セリフ 彦星は牛の世話をまじめにする
働き者でした。

織り姫と機織り機をとって、
彦星と牛を手袋につける。

牛さん
こっちだよ〜

夏に楽しむ

3

セリフ がんばりやで働き者のふたりは仲良くなり、
めでたく結婚することになりました。

牛をとって、織り姫をつける。

わーい！
わーい！

けっこんだ〜

4

セリフ しかし、ふたりは毎日遊んでばかりになり、
ちっとも仕事をしなくなってしまいました。

動きをつけながら、
セリフを言う。

今日も明日も
毎日遊ぼう！

ダメだよ〜

ダメだよ〜

5 🗨 そこで怒った神様が天の川をはさんで、
ふたりをはなればなれにしてしまいました。

織り姫と彦星離して、
間に天の川をつける。

え〜ん、え〜ん。
会えなくて
さみしいよ〜。

6 🗨 それからふたりはまた
まじめに働くようになりました。
その姿を見た神様が一年に一度だけ、
会うことを許してくれるようになりました。
それから7月7日になると、
カササギという鳥が翼をひろげて、
天の川に橋をかけてくれ、
ふたりは会うことが
できるようになりました。

ぼくの上を
通っていいよ。

天の川の中央に
カササギをつける。

7 ラスト

織り姫と彦星が、一年に一度
会えるようになってよかったね。
たなばたはみんなのおねがいごとも
叶えてくれる日だよ。
みんなのおねがいごとを聞かせて！

活動につなげるアイデア

おねがいごとは何か聞いてみるなどのやりとりを楽しんだ後、たなばたの製作活動につなげてもよいですね。

作り方

素材 カラー手袋（黒）　フェルト　トイクロス（青・黒）　動眼　面ファスナー（オス）　刺繍糸

1 各アイテムを作る。

カササギ：体のパーツ（2枚のフェルト）の間に羽と口ばしをはさんで貼る

機織り：布のパーツは点線で山折りにしてⒶにかませて貼る

牛：体と顔のパーツを2枚のフェルトで貼り合わせる

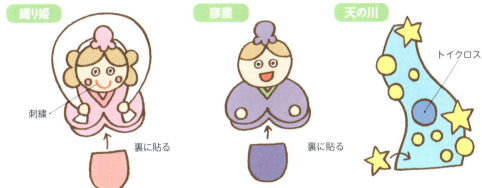

織り姫（刺繍）／裏に貼る
彦星／裏に貼る
天の川（トイクロス）

2 手袋にトイクロスを、アイテムの裏に面ファスナー（オス）を貼る。

手のひら側　トイクロス　面ファスナー（オス）

夏に楽しむ

夏に楽しむ

雨の日に、カエルと一緒に大合唱で大盛り上がり！
カタツムリとカエル

所要時間 2〜4分　型紙 p.118

スタンバイ

♪でーんでんむしむし　かたつむりー
カタツムリくんが雨の中をさんぽしているよ。
どんな楽しいことが起こるかな？

左手

人差し指を出してカタツムリの頭を出して、アジサイが見える位置でスタンバイをする。

右手

カエルの手袋をはめて後ろに隠しておく。

1

カタツムリを動かしながらセリフを言う。

雨の日はいいなー。
ほら。アジサイも
とってもきれいに咲いている…
ゲロゲロゲロ…あれ？
なんだろう？　この声は？

＼カエル！／

2 ♪かえるのうたが

右手の親指の
カエルだけを
出して、歌う。

3 ♪きこえてくるよ

右手をひろげて、
5匹のカエルを
出して歌う。

夏に楽しむ

4 ♪クワッ　　♪クワッ

4回繰り返す

うたのリズムに合わせて、カエルを1匹、5匹と交互に出す。

演じ方POINT！
カエルの手袋をとじたりひらいたりして、動きをつけることで、子どもたちも飽きずに楽しんで見ることができます。

5 ♪ケケケケケケケケ
　　クワッ　クワッ　クワッ

5匹のカエルを出したまま、最後まで歌う。

カエルくんたち、
すてきな歌声だったね。
みんなもカエルくんたちと
一緒に歌ってみよう！

ラスト

♪ かえるの合唱

訳詞：岡本敏明／作曲：ドイツ民謡

作り方

素材 カラー手袋（肌色・緑） フェルト 動眼 綿 リボン 刺繍糸 丸ゴム

1 フェルトを半分に折り、袋状に縫い、綿を入れてとじる。

2 1を2枚重ねてグルーでとめ、丸める。

3 2を手袋の甲側に貼り、カタツムリの顔、アジサイアイテムを貼る。

4 右手の手袋にカエルの顔とリボンを貼る。

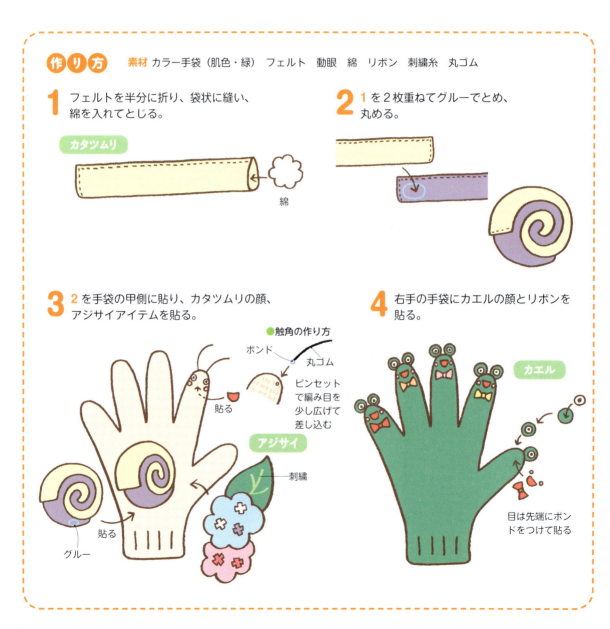

Part 3

秋に楽しむ

とんぼに紅葉、まつぼっくりにやきいもなど、
秋のモチーフがたくさん出てくる作品を集めました。
手袋シアターを通して自然に目を向けるきっかけを
作ってみてください♪

秋に楽しむ　どんぐりころころ

かわいいどんぐりと、思わず笑っちゃうどじょうにくぎづけ！

所要時間 5～7分　型紙 p.119

> 今日は元気いっぱいのどんぐりぼうやの一日を見てみようね。何をして遊んでいるのかな。

スタンバイ

左手

右手

どんぐりアイテムはあらかじめ池につけておく。

右手のどじょうは後ろに隠しておく。

1

1番
♪どんぐりころころ　どんぶりこ

うたに合わせて左右に揺れる。

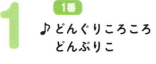

笑っているよ～
♪どんぶりこ～

2 ♪おいけにはまって さあたいへん

揺れをとめて左手を前に出す。

なんでたいへんなの〜？

秋に楽しむ

3 ♪どじょうがでてきて　　♪こんにちは

右手のどじょうを出す。

指をまげてあいさつをする仕草をとる。

4 ♪ぼっちゃん いっしょに あそびましょう

うたに合わせて左右に揺れる。

何して遊ぶのかな？
なかよしだ〜

5 　2番

♪どんぐりころころ　よろこんで
　しばらくいっしょに　あそんだが

♪やっぱりおやまが
　こいしいと

えーん

うたに合わせて左右に揺れる。

どんぐりを裏返して泣き顔にする。

6

♪ないては　どじょうを　こまらせた

えーん

どじょうは小指で頭をかく仕草をする。

演じ方POINT！

どじょうの指や動きに変化を加えると、様々な表情を出すことができます。

「やぁ」
「バイバーイ」
「どうしよ〜」

7 　ラスト

どんぐりさんは
おうちのあるおやまが
好きなんだね。
みんなもおうちが
大好きだから一緒だね。

演じ方POINT！

どんぐり役とどじょう役に分かれて、大きな動きを加えて演じても楽しいです。

🎵 どんぐりころころ

作詞：青木存義／作曲：梁田 貞

1. どんぐりころころ どんぶりこ おいけにはまって さあたいへん
   どじょうがでてきて こんにちは ぼっちゃんいっしょに あそびましょう
2. どんぐりころころ よろこんで しばらくいっしょに あそんだが
   やっぱりおやまが こいしいと ないてはどじょうを こまらせた

秋に楽しむ

作り方

素材 カラー手袋（若草・灰） フェルト トイクロス（青・緑） 丸ゴム 刺繍糸 綿 面ファスナー（オス）

1 どんぐりやどじょうのアイテムなどを作る。

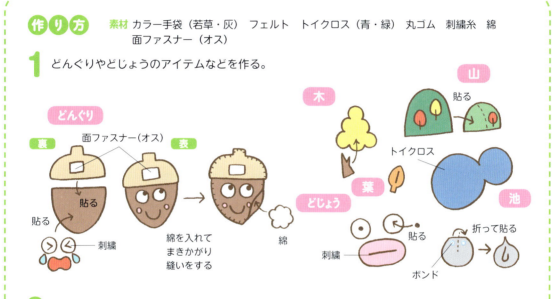

2 手袋に山や池、トイクロスを貼り、グレーの手袋にどじょうのパーツを貼る。

秋に楽しむ

とんぼの目玉の色が変わるよ!? 秋にぴったりの手袋シアター

とんぼのめがね

所要時間 5〜7分　型紙 p.120

> みんなは外でとんぼを見たかな？
> とんぼの大きな目には何が映っているかな？
> 一緒に見てみよう！

スタンバイ

手のひら側 指先に3つの空模様アイテムをつけておく。

手の甲側 とんぼの目をつけておく。

1

1番
♪とんぼのめがねは
みずいろめがね

うたに合わせて動く。

みんなこんにちは！
秋の空を元気に飛ぶ
とんぼです。

目が大きい〜

2 ♪あおいおそらを　とんだから

空色の目をつける。

雲が見えるよ
目がかわったよ！

秋に楽しむ

3 ♪とんだから

きれいな青空の色の目になったね！
次はどんなめがねが出てくるかな？

演じ方POINT！
「次はどんなめがねかな？」など、子どもの好奇心や興味が増す言葉をかけて演じます。

うたに合わせて動く。

葉っぱのいろー
あかいろー

4 2番 ♪とんぼのめがねは　ぴかぴかめがね

黄色の目をとんぼの土台につける。

ぴかぴかの黄色だったね。

5

♪ **おてんとさまを　みてたから
　みてたから**

おてんとさまの
目をつける。

> おひさまを
> 見ていたんだね

6

`3番`

♪ **とんぼのめがねは　あかいろめがね
　ゆうやけぐもを　とんだから**

赤色の目をとんぼの
土台につける。

> まっか
> だね

**活動につなげる
アイデア**

「外はおひさまが見えるかな」といった言葉をかけて、外の天気に注目するきっかけを作り、あそびにつなげて楽しんでみましょう。

7

♪ **とんだから**

夕焼けの目をつける。

ラスト

> 今日の空は何色だろうね!?
> これからみんなで
> 見に行ってみよう！

🎵 とんぼのめがね

作詞：額賀誠志／作曲：平井康三郎

秋に楽しむ

作り方

素材 カラー手袋（青） フェルト トイクロス（青・水色・黄・赤・オレンジ） 動眼 刺繍糸 面ファスナー（オス）

1 とんぼ、目玉、空のアイテムを作る。

2 手袋にとんぼとトイクロスを貼る。

青い線の範囲にグルーをつけて貼る。

39

秋に楽しむ やきいもグーチーパー

おいもほりや、やきいも大会の導入に。最後はみんなでジャンケンポン!!

所要時間 5〜7分　型紙 p.122

スタンバイ

もうすぐあるおいもほり、とっても楽しみだね。
その前に待ちきれないから、
今日はやきいも大会をひらいちゃうよ！

おいもは
手袋のポケットに
入れておく。

エプロンポケット

エプロンのポケットにたき火アイテムを入れておく。

1 おいものツルに注目するような言葉をかける。

わぁ！　みんな見て！
大きなツルが出ているよ。
どんなおいもが
とれるかな？

おおきいよ〜
からいの〜

5

「さっそく やきいも大会の 準備をするよ。」

ポケットからたき火を出す。　　　　　　　手袋にたき火をつける。

6

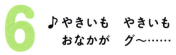
♪やきいも　やきいも
　おなかが　グ〜……

「やきいも大会の準備ができたよ。みんなの応援のおかげだね。ありがとう！　じゃあ「やきいもグーチーパー」のうたを歌ってお祝いジャンケンをしよう。」

「やきいもグーチーパー」を歌う。

7　ラスト

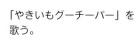

「ジャンケンポーン！チョキに勝つのは何かな？」

グー

パー

活動につなげるアイデア

うたのおわりにジャンケンあそびをして楽しむことができます。

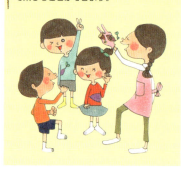

♪ やきいもグーチーパー

作詞：阪田寛夫／作曲：山本直純

やきいも やきいも おなかが グー ほかほか ほかほか あちちの チー
たべられなくなる なんにも パー それ やきいも まとめて グー チー パー

秋に楽しむ

作り方

素材 カラー手袋（肌色） フェルト トイクロス（茶） ひも（緑） 面ファスナー（オス） 動眼

1 おいも、たき火、土のアイテムを作る。

2 手袋に土をポケット状にして貼る。おいもとたき火の裏に面ファスナー（オス）を貼る。

43

秋に楽しむ 松ぼっくり

手袋1枚で楽しい展開。かわいいおさるが登場！

所要時間 2〜4分　型紙 p.123

スタンバイ

みんな、これはなんだかわかるかな？
どんぐり？　ちがうよ〜。
そう！　まつぼっくりでした。
まつぼっくりのうたを歌うから聞いてね。

手のひら側　　手の甲側

左手の手の甲側を横に倒して、山を見せておく。手袋をしていない方の手に、まつぼっくりのアイテムを持っておく。

1

♪まつぼっくりが　あったとさ
　たかいおやまに　あったとさ

手の甲側を舞台にして、まつぼっくりをつける。

おおきな
まつぼっくり
だね

2

♪ころころ ころころ あったとさ

うたに合わせてまつぼっくりのアイテムを動かす。

演じ方POINT!
2→**3**へ移るときは、すばやく手袋を裏返しにすると、その変化をより楽しむことができます。

秋に楽しむ

3

♪おさるがひろって たべたとさ

パクン！
モグモグモグ～
まつぼっくりは
おいしいな～

手のひら側のおさるを出し、口元にまつぼっくりアイテムをつける。

4

 ラスト

おさるさんがまつぼっくりを
食べちゃってびっくりしたね！
まつぼっくりっておいしいのかな？
かたくないのかな？ みんなで
探しに行ってみようか？！

活動につなげるアイデア

まつぼっくりのはなしを子どもたちとして、イメージを膨らませた後、本物のまつぼっくりを用意しておき、見たり触ったりしても楽しいです。

🎵 松ぼっくり　作詞：広田孝夫／作曲：小林つや江

作り方

素材 カラー手袋（茶）　フェルト　トイクロス（赤・黄・緑・肌色）　刺繍糸　面ファスナー（オス）

1 さるの顔、まつぼっくり、山を作る。

2 手袋にトイクロス、さるの顔と手、山を貼り、まつぼっくりの裏に面ファスナー（オス）を貼る。

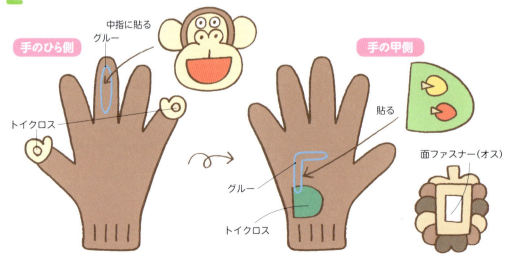

Part 4

冬に楽しむ

クリスマス、節分など楽しいイベントをテーマにした作品や、
雪や星のモチーフが出てくる手袋シアターを集めました。
寒い冬も手袋シアターで楽しく過ごしてみてください♪

冬に楽しむ　あわてん坊のサンタクロース

サンタさんが来るのが待ち遠しくなる！すてきなベルの音も聞こえてくるよ♪

所要時間 5〜7分　型紙 p.125

みんな大変！
クリスマスはまだ先なのに、
あわてんぼうのサンタクロースさんが
やってきちゃったよ！

スタンバイ

指先にベルとタンブリンをつけておく。

エプロンポケット

ポケットの中にえんとつアイテムを入れておく。

1　1番

♪あわてんぼうの
サンタクロース
クリスマスまえに
やってきた

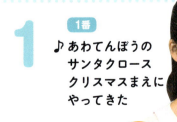

サンタさんを動かしながら、手袋につける。

サンタクロースだ〜

2

♪いそいで　リンリンリン
　いそいで　リンリンリン
　ならしておくれよかねを

　リンリンリン
　リンリンリン
　リンリンリン

うたに合わせて
ベルをならす。

すてきな
ベルの音を
聞いてね

演じ方POINT！
「リンリンリン」の部分を歌わずに、ベルの音だけで演じてみるのも楽しいです。

冬に楽しむ

3

2番
♪**あわてんぼうの
　サンタクロース**

歌いながら、えんとつをつける。

えんとつから
入るのかな〜？

4

♪えんとつのぞいて　おっこちた
　あいたた　ドンドンドン
　あいたた　ドンドンドン
　まっくろくろけの　おかお

　ドンドンドン
　ドンドンドン
　ドンドンドン

えんとつをのぞかせて

サンタさんを裏返してつける。

わぁ〜
顔が黒く
なっちゃったよ〜

5

3番

♪あわてんぼうの　サンタクロース
　しかたがないから　おどったよ

　たのしく　チャチャチャ
　たのしく　チャチャチャ
　みんなも　おどろよ　ぼくと

　チャチャチャ
　チャチャチャ
　チャチャチャ

一緒に踊ろう！

サンタさんを揺らして、踊っているような仕草をさせる。

6

4番

♪あわてんぼうの　サンタクロース
　もいちどくるよと　かえってく

　さよなら　シャラランラン
　さよなら　シャラランラン
　タンブリン　ならして　きえた

　シャラランラン
　シャラランラン
　シャラランラン

また来るよ～

タンブリンをうたのリズムに合わせて動かす。

7

5番

♪あわてんぼうの　サンタクロース
　ゆかいなおひげの　おじいさん

　リンリンリン　チャチャチャ
　ドンドンドン　シャラランラン
　わすれちゃだめだよ　おもちゃ

ラスト

　シャララン　リン
　チャチャチャ
　ドンシャララン

歌のリズムに合わせて、手袋や体を動かす。

クリスマスの前にやってきた、あわてんぼうのサンタさん面白かったね。クリスマス会には、間違えずにちゃんと来てほしいね。サンタさん、待ってるからね～！

♪ あわてん坊のサンタクロース

作詞：吉岡 治／作曲：小林亜星

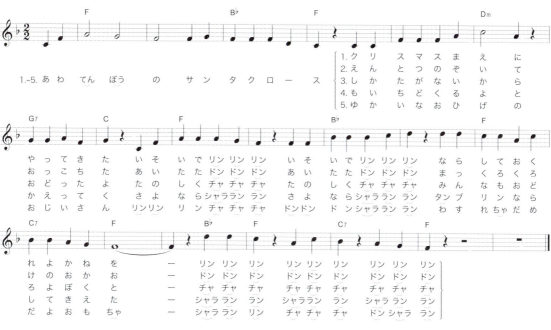

冬に楽しむ

作り方

素材 カラー手袋（青）　フェルト　トイクロス（白・青・黄・黒）　動眼　鈴　ベル　リボン　綿　刺繍糸　面ファスナー（オス）

節分行事のおはなしはもちろん！おにのパンツも歌っちゃおう♪

冬に楽しむ
節分
～オニとおたふくさん～

所要時間 5〜7分　型紙 p.126

> もうすぐ節分の日がやってくるね。今日は節分の日についておはなしをするね。

スタンバイ

おたふくさんの手袋をはめておく。

エプロンポケット

ポケットにオニの手袋と他のアイテムを入れておく。

右手　**左手**

1

> これは何だかわかるかな？

ヒイラギイワシを出して、手袋につける。

> これは「ヒイラギイワシ」っていうんだよ。家の中にオニが入ってこないように、チクチクした葉とオニの嫌いなにおいのするイワシという魚の頭を玄関に飾るんだよ。

2

恵方巻きを出して、手袋につける。

「これは何だかわかるかな?」

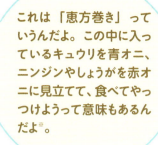

「これは「恵方巻き」っていうんだよ。この中に入っているキュウリを青オニ、ニンジンやしょうがを赤オニに見立てて、食べてやっつけようって意味もあるんだよ※。」

※諸説あります。

冬に楽しむ

3

「そしてそして〜オニさんの登場!
あれ? オニさん忘れ物をしているみたい。
みんな、何だかわかる?」

おたふくさんの手袋をはずしてポケットにしまい、オニの手袋を左手にはめる。

オニだ〜
パンツ〜

4

オニのパンツのアイテムを出して、トイクロスにつける。

「オニさんったら忘れんぼうだね。
大事なオニのパンツをはかなきゃね。
じゃあオニさんと一緒に元気いっぱいで、「おにのパンツ」のうたを歌おう!」

♪ おにのパンツ

作詞:不詳／作曲:DENZA LUIGI

冬に楽しむ

寒い冬もチャチャチャを踊って室内あそびを盛り上げよう！

ゆきダルマのチャチャチャ

所要時間 5〜7分　型紙 p.128

今日はすてきなゆきダルマの家族が遊びに来てくれたよ。みんなと一緒に歌って踊れば寒さもへっちゃらだよ！

スタンバイ

手袋をつけて手をひろげておく。

1

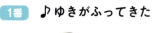

♪ゆきがふってきた

うたに合わせて左右に揺れる。

♪チャ チャ チャ

「チャチャチャ」に合わせて手をたたく。

2

♪そとはまっしろけ

♪チャ　チャ　チャ

1の動きを繰り返す。

冬に楽しむ

3

♪ゆきダルマをつくったら

左右に揺れる。

♪ダルマがおどりだす

それぞれの指を動かす。

4

♪チャチャチャ

みんなも一緒にチャチャチャのまねをしてみてね。

チャチャチャ！

5 [2番]
♪パパゴンダルマ
　チャチャチャ

親指を出して、うたに合わせて動かす。

6
♪ママゴンダルマ
　チャチャチャ

人差し指を出して、うたに合わせて動かす。

7
♪チビゴンダルマも　なかまいり
　チャチャチャでおどります

5本指を全て出し、うたに合わせて動かす。

みんないるね〜

8
♪チャチャチャ

ラスト

チャチャチャの動きが楽しいうただったね。たくさん動いて寒い日もあったかくなろうね。

チャチャチャの動きで終わる。

活動につなげるアイデア

他にも「雪のペンキやさん」「雪のこぼうず」「ゆきやこんこ」「雪あそび」などといった冬のうたと一緒に楽しむことができます。

♪ ゆきダルマのチャチャチャ

作詞・作曲：多志賀 明

冬に楽しむ

作り方

素材 カラー手袋（青）　フェルト　動眼　スパンコール

1 まるいフェルトを使ってゆきダルマや雪を作る。

2 手袋に1のアイテムとスパンコールを貼る。

作り方アレンジ
ゆきダルマの大きさを変えて作り「パパゴンダルマは大きいね」「チビゴンダルマは小さいね」と楽しむことができます。

冬に楽しむ

うたに合わせてキラキラの手を高くあげて楽しんで！

きらきらぼし

所要時間 2〜4分　型紙 p.128

冬って寒いけど、星がとってもきれいに見えるんだよ。今日は一緒にきらきらぼしを歌って踊ろうね。

スタンバイ

左手　右手

両手に手袋をはめおく。

1　♪きらきらひかる

キラキラポーズだよ。

手のひらや手の甲を交互に返す動きをする。

キラキラ〜♪

2 ♪おそらのほしよ

手を高くあげる。

3 ♪まばたきしては

手をとじたりひらいたりする。

冬に楽しむ

4 ♪みんなをみてる

いつも見ているよ〜

両手を前に出す。

5 ♪きらきらひかる

1の動きをする。

6 ♪おそらのほしよ

2の動きから、顔の高さまで手袋を戻す。

ラスト

お星さまは高い空からいつもみんなのことを見ているんだね。みんなも冬の空のきれいなお星さまを見てみようね。

♪ きらきらぼし

訳詞：武鹿悦子／作曲：フランス民謡（1番のみ掲載）

作り方
素材 カラー手袋（黒） フェルト 動眼 スパンコール

1 星のアイテムを10個作る。

2 両手のひらに1やスパンコールやフェルトを貼る。

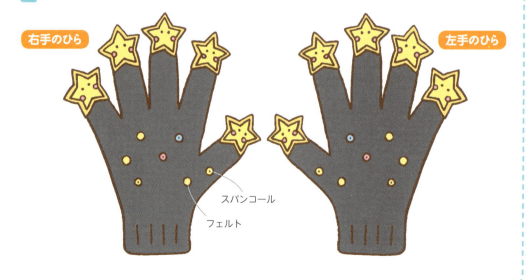

Part 5

通年
楽しむ

季節を問わず、一年を通して楽しめる手袋シアターを集めました。
活動前の導入や、ちょっとした空き時間など、
いろいろな場面で活用して楽しんでください♪

通年楽しむ

色についてのおはなしや、お絵描きあそびにもつなげてみよう
どんな色がすき？

所要時間 5〜7分　型紙 p.129

スタンバイ

今日はきれいな色がたくさんあるクレヨンを持ってきたよ！
みんなは何色が好きかな？
クレヨンの箱をあけてみようね。

エプロンポケット

クレヨンアイテムをポケットの中に入れておく。

1

よーく見ていてね。
クレヨンの
箱がひらくよ

ふた部分のフェルトをひらき、親指のトイクロスにとめる。

言葉をかけながら、クレヨン箱に注目を促す。

クレヨンの箱が
ひらいたよ〜

演じ方POINT！

ふた部分は親指のトイクロスにとめると、演じているとき邪魔にならず、子どもが集中して手袋シアターを楽しむことができます。

2 ♪どんな色がすき　[1番]

みんなは何色の
クレヨンが
好きかな？

うたに合わせながら、
手袋を左右に揺らす。

通年楽しむ

3 ♪あか　　♪あかいいろがすき

人差し指につける。

ポケットから赤色のクレヨンアイテムを出す。

4 ♪いちばんさきに なくなるよ あかいクレヨン

あかいろ すきー

クレヨンに
目がある

うたに合わせなが
ら、左右に揺れる。

5 [2番]

♪ どんないろがすき　あお
　あおいろがすき
　いちばんさきに なくなるよ
　あおいクレヨン

2〜4のやりとりをする。

6 [3番]

♪ どんないろがすき　きいろ
　きいろいいろがすき
　いちばんさきに　なくなるよ
　きいろいクレヨン

2〜4のやりとりをする。

7 [4番]

♪ どんないろがすき　みどり
　みどりいろがすき
　いちばんさきに なくなるよ
　みどりのクレヨン

2〜4のやりとりをする。

活動につなげるアイデア

「この色だったら、みんなは何を描くかな？」とクレヨンアイテムを見せながら言葉をかけ、子どもたちとのやりとりを楽しんだ後、お絵描き活動に移ってもよいですね。

8

♪ いろ いろ いろ いろ
　いろんないろがある
　いろ いろ いろ いろ
　いろんないろがある

[5番]

どんないろがすき　ぜんぶ
ぜんぶのいろがすき
みーんないっしょに なくなるよ
ぜんぶのクレヨン
ぜんぶのクレヨン

うたのリズムに合わせて、手袋を揺らしながら、最後まで歌う。

ラスト

いろんな色のクレヨンが出てきたね。いろんな色を使ってみんなもお絵描きを楽しもうね。

♪ どんな色がすき

作詞・作曲：坂田 修

1. どんないろ がすき あか　あかいいろ がすき　いちばんさきに なくなるよ
2. どんないろ がすき あお　あおいいろ がすき　いちばんさきに なくなるよ
3. どんないろ がすき きいろ　きいろいいろがすき　いちばんさきに なくなるよ
4. どんないろ がすき みどり　みどりいろ がすき　いちばんさきに なくなるよ
5. どんないろ がすき ぜんぶ　ぜんぶのいろがすき　みーんないっしょに なくなるよ

あかいクレヨン
あおいクレヨン
きいろいクレヨン
みどりのクレヨン
いろ いろ いろ いろ　いろんないろがあるー
いろ いろ いろ いろ
いろんないろがある　ぜんぶのクレヨン　ぜんぶのクレヨン

通年楽しむ

作り方

素材 カラー手袋（青）　フェルト　トイクロス（青・黄）　動眼　刺繍糸　綿　面ファスナー（オス）

1 クレヨンの形を作って、顔のパーツを貼る。

クレヨン
刺繍
フェルトを二重にして綿を入れてまきかがり縫いをする
貼る
面ファスナー（オス）

2 クレヨン箱をフェルトで作る。

クレヨン箱
トイクロス
グルー
貼る
刺繍
裏に面ファスナー（オス）を貼る

3 1を4色分作り、手袋にはトイクロスとクレヨン箱を貼る。

トイクロス

通年楽しむ

数字について、楽しみながら知ることができる！
5つのメロンパン

⏱ 所要時間 5～7分　　✂ 型紙 p.130

今日はとってもおいしいメロンパンやさんをみんなに紹介するね。

スタンバイ

手袋をつけて、メロンパンはパンやさんのお店の中につけておく。

1

1番
♪パンやにいつつのメロンパン
　ふんわりまるくて

両手を前に出し、左右に揺れる。

♪おいしそう

片手をほっぺたにあてる。

2

♪こどもがおみせに　やってきて
　「おじさん、メロンパンひとつ　ちょうだい」

♪「ハイ、どうぞ」
　メロンパンひとつ　かってった

パンやさんから
メロンパンをひ
とつとる。

親指の先にメロン
パンをつける。

3

2番

♪パンやによっつのメロンパン
　ふんわりまるくて　おいしそう

♪こどもがおみせに　やってきて
　「おじさん、メロンパンひとつ　ちょうだい」
　「ハイ、どうぞ」
　メロンパンひとつ　かってった

右手を「4」に
して**1**の動き
を繰り返す。

人差し指の先に
メロンパンをつ
ける。

4

3番

♪パンやにみっつのメロンパン
　ふんわりまるくて　おいしそう

♪こどもがおみせに　やってきて
　「おじさん、メロンパンひとつ　ちょうだい」
　「ハイ、どうぞ」
　メロンパンひとつ　かってった

右手を「3」に
して**1**の動き
を繰り返す。

中指の先にメロ
ンパンをつける。

通年楽しむ

5

4番

♪パンやにふたつのメロンパン
　ふんわりまるくて　おいしそう

♪こどもがおみせに　やってきて
「おじさん、メロンパンひとつ　ちょうだい」
「ハイ、どうぞ」
メロンパンひとつ　かってった

右手を「2」にして 1 の動きを繰り返す。

薬指の先にメロンパンをつける。

6

5番

♪パンやにひとつのメロンパン
　ふんわりまるくて　おいしそう

♪こどもがおみせに　やってきて
「おじさん、メロンパンひとつ　ちょうだい」
「ハイ、どうぞ」
メロンパンひとつ　かってった

右手を「1」にして 1 の動きを繰り返す。

小指の先にメロンパンをつける。

7

6番

♪パンやにゼロこのメロンパン

「おじさん、メロンパンひとつ　ください」
「もうないよ」
なんにもかわずに
かえってった

手袋を前に出しながら、うたとセリフを言う。

ラスト

お店の中のメロンパン全部なくなっちゃったね。みんなはいくつ食べたい?

活動につなげるアイデア

「ひとつ」「ふたつ」など手袋シアターを通して数に親しむきっかけとして楽しむことができます。

♪ 5つのメロンパン

訳詞：中川ひろたか／作曲：イギリス民謡

通年楽しむ

作り方

素材 カラー手袋（濃いピンク）　フェルト　トイクロス（ピンク・白）　動眼　刺繍糸　面ファスナー（オス）　綿

1 メロンパン5つとパンやさんアイテムを作る。

2 手袋にトイクロスと、パンやさんを貼り、メロンパンの裏に面ファスナー（オス）を貼る。

通年楽しむ

最後は「シー」でおしまい。読み聞かせやあつまり前に♪

リンゴがコロコロ

所要時間 2～5分　型紙 p.131

スタンバイ

みんなは今どんな顔をしている？
今日はいろいろな顔をしている
お野菜さんや果物さんの顔を見ていくよ！

エプロンポケット

野菜、果物アイテムを入れておく。

1 ♪リンゴがコロコロ

リンゴのアイテムを出し、動く目玉を回しながら、手袋につける。

クルクルだ～

コロコロだよ～

2 ♪みかんカンカン
　　みかんカンカン

みかんのアイテムをつけて、怒った表情や仕草をする。

3 ♪ピーマンピーピー
　　ピーマンピーピー

ピーマンのアイテムをつけて、泣いている表情や仕草をする。

通年楽しむ

4 ♪キャベツがキャー
　　キャベツがキャー

キャベツのアイテムをつけて、子どもと一緒に叫ぶ。

5 ♪しいたけ　シー
　　しいたけ　シー

ラスト

しいたけのアイテムをつけて「シー」の仕草をする。

> 怒ったり泣いたり、叫んだり、いろいろなお野菜さんや果物さんがいたね。みんなはどの顔が好きだったかな？

活動につなげるアイデア

「シー」で静かになったらそのまま絵本の読み聞かせなどの活動につなげることもできます。

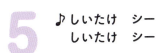

♪ リンゴがコロコロ

(「グーチョキパーでなにつくろう」の替え歌) 改詞：不詳／作曲：フランス民謡

リンゴが コロコロ　みかん カン カン　みかん カン カン　ピーマン ピー ピー
ピーマン ピー ピー　キャベツが キャー　キャベツが キャー　しいたけ シー　しいたけ シー

作り方

素材 カラー手袋（うす黄）　フェルト　トイクロス（白・黄）　動眼　刺繍糸　面ファスナー（オス）

1. 果物、野菜、お皿のアイテムを作る。
2. 手袋にお皿とトイクロスを貼り、それぞれのアイテムの裏に面ファスナー（オス）を貼る。

Part 6

おはなしを楽しむ

「てぶくろ」や「ももたろう」など、
子どもたちに人気のあるおはなしを集めました。
手袋シアターで演じることで、
新たな面白さを発見できるかも♪

おはなしを楽しむ

てぶくろ

たくさんの動物たちが登場するウクライナの民話。繰り返しが楽しい♪

🕐 所要時間 7〜10分　　✂ 型紙 p.132

スタンバイ

さむーいさむーい冬の日。
てぶくろがあると、
手はあったかくなるね。
そんなてぶくろに入ってきた
動物さんのおはなしをはじめるね。

エプロンポケット

てぶくろを入れておく。

手の甲側

動物アイテムをつけておく。

1

セリフ ザックザック…おじいさんが
雪のつもる森の中を歩いていました。

おじいさんを登場さ
せ、親指のトイクロス
に向かって歩くよ
うに動かす。

どこ行くの？

2

セリフ 歩いているうちにてぶくろを
片方落としてしまいました。

おじいさんを親指のトイクロスにつけて、
てぶくろをつける。

3

セリフ そこへチュチューねずみがやってきました。
チュチュチューあったかそうなてぶくろだなぁ。
中に入ってみよう。
わぁ！　とってもあったかい。
ここで暮らすことにしよう。

ねずみを登場させ、て
ぶくろの上につける。

4

セリフ 次はグワグワ
カエルが
やって来ました。

カエルを登場させ、て
ぶくろの上につける。

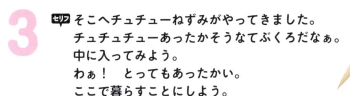

次はだれが
来るかな？

演じ方POINT！

おはなしを進めるとき、「次は
だれが来るかな？」「てぶくろ
に入れるかな？」などといった
言葉をかけて、子どもたちの好
奇心を引き出します。

おはなしを楽しむ

5

「ピョンピョン！私もてぶくろに入れて〜」

ウサギを登場させる。

6

「コンコンぼくも入りたいよ〜」

きつねを登場させる。

7

「ガオガオ！おれも入れてくれ〜」

おおかみを登場させる。

8

「ブギブギ！ぼくも入れるかなー」

いのししを登場させる。

9

「ノシノシ！ぼくも入るぞ〜」

「ぎゅうぎゅうだよ〜」

クマを登場させ、てぶくろの上につける。

「たくさんの動物が入って、今にもはじけそうなてぶくろ。でも、みんなでギュッとくっついているから、とてもあたたかい動物さんでした。」

ラスト

作り方

素材 カラー手袋（紫）　フェルト　トイクロス（黄・白・青・茶）　刺繍糸　面ファスナー（オス）

1 動物やおじいさんなどのアイテムを作る。

2 木、雪を作る。

3 手袋に **2** のアイテムを貼り、**1** のアイテムの裏に面ファスナー（オス）を貼る。

おはなしを楽しむ

おはなしを楽しむ

みんなが大好きな日本の昔話。きびだんごも小さいながらに大活躍！

ももたろう

⏱ 所要時間 7〜10分 　 ✂ 型紙 p.134

スタンバイ

みんな、ももからうまれた男の子のおはなしは知っているかな？
あっ！ ももが川から流れてきたよ。
はじまりはじまり〜

机の上

小さなアイテムが多いので、机の上にアイテムを置いておく。

1

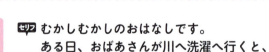

セリフ　むかしむかしのおはなしです。
ある日、おばあさんが川へ洗濯へ行くと、
どんぶらこ〜どんぶらこ〜。
大きなももが流れてきました。

ももを揺らしながら動かして、親指につける。

どんぶらこって何〜？

80

2

セリフ おじいさんと おばあさんが ももを割ろうとすると…

ももを人差し指の中央に移動させる。

セリフ 元気な男の子が、ももの中から現れました。

ももたろうをつける。

演じ方POINT！
ももたろうの登場後、ももはエプロンにしまって、場面の切り替えを意識しながら演じていきます。

おはなしを楽しむ

3

セリフ 男の子は「ももたろう」と名づけられました。そして大きくなると鬼退治に行くことに決めました。

鬼ヶ島をつける。

4

「キビだんごを持って出発だ〜！」

キビだんごをつける。

5

1番
♪ももたろうさん　ももたろうさん
　おこしにつけた　キビだんご
　ひとつわたしに　くださいな

いぬを登場させる。

2番
♪やりましょう　やりましょう
　これからおにの　せいばつに
　ついてゆくなら　やりましょう

「モグモグ」

いぬをつけ、キビだんごを食べさせる仕草をする。

桃太郎　文部省唱歌／作曲：岡野貞一

おはなしを楽しむ

おはなしを楽しむ

色が変わるしかけに、子どもたちも大喜び！日本の昔話

にんじん だいこん ごぼう

所要時間 7〜10分
型紙 p.136

スタンバイ

みんな知っているかな？
むかーしむかし、
にんじんもだいこんもごぼうも、
同じ色だったんだよ。でも今は違うよね。
なんで今の色になったのか、
そのおはなしを始めるね。

手の甲側

どろカバーつきの
それぞれの野菜を
つけておく。

---

1 🗨 にんじん、だいこん、ごぼうの仲良し3人はどろあそびで全身どろだらけです。

どろあそびは
楽しいな〜

野菜アイテムを出して、
手袋につける。

84

2

🗨 あまりにもどろだらけになったので、
お風呂に入ることにしました。
まずはにんじんさんが
ジャッボーン！

にんじんをお風呂に入れる。

3

🗨 あちち！あちち！とっても熱がりなにんじんさん。
体がすっかり赤くなってしまいました。

にんじんを大きく動かす。　　どろカバーをはずす。　　赤いにんじんを見せる。

4

🗨 つづきまして、だいこんさんもジャッボーン！
だいこんさんは熱いのへっちゃら！　体もきれいにゴシゴシゴシ！
きれいに洗っただいこんさんの体はまっしろになりました。

だいこんをお風呂に入れる。　　どろカバーをはずす。　　白いだいこんを見せる。

おはなしを楽しむ

5 🗨 さいごにごぼうさん。ジャッボーン！
ごぼうさんはお風呂が嫌いで、すぐに出てしまったので……
お風呂に入ってもどろんこ色のままでした。

そのままだー！

ごぼうのどろカバーをはずす。

6 🗨 こうして3人は今の色になりました。
野菜を並べてセリフを言う。

ラスト

野菜さんたちの
色の違いの理由がわかったね。
みんなはお風呂好きかな？
何色になりたいかな？

作り方

素材 カラー手袋（肌）　フェルト　トイクロス（赤・水色・茶・肌色）　丸ゴム　面ファスナー（オス）

1 にんじん・ごぼう・だいこんのアイテムを作り、裏に面ファスナー（オス）を貼る。口のパーツはトイクロスで作る。

2 1の顔がかくれるくらいの大きさでどろんこ顔のパーツを作り、裏に面ファスナー（オス）を貼る。

3 お風呂、湯気、土を作り、手袋に貼る。

手のひら側／手の甲側／待機用のトイクロスを貼る

Part 7

生活習慣に親しむ

時間、はみがき、食育、てあらいなど
生活に密着したテーマの作品を集めました。
子どもたちに身につけてほしいことを、
手袋シアターを通して楽しく伝えてください♪

生活習慣に親しむ

針が動くよ！時計の見方や時間について話してみよう♪

とけいのうた

所要時間 5〜7分　型紙 p.138

> みんなは「じかん」ってわかるかな？
> 今日はこの大きな時計を見ながら
> 時間について知っていこうね。

スタンバイ

おとなとこどものアイテムを指先につけておく。

1

♪コチコチ　カッチン　おとけいさん
　コチコチ　カッチン　うごいてる

うたに合わせて時計の針を動かす。

うごいているね〜

2
♪ こどものはりと

短い針にこどもの顔をつける。

短いほうが
こどもの
針だよ

生活習慣に親しむ

3
♪ おとなのはりと

長い針におとなの顔をつける。

長いほうが
おとなの
針だよ

4
♪ こんにちは

おとなの針と
こどもの針が
近づいて、
こんにちは〜

おとなの針とこどもの針を近づける。

5 ♪さようなら

「はなれて さようなら〜」

おとなの針とこどもの針をはなす。

6 ♪コチコチ カッチン さようなら

さようならで時計の頭を下げる仕草をする。

「さようなら〜 また会おうね」

7

長い針や短い針が、近づいたりはなれたりしながら時間はすすんでいくね。時計を見ながら、時間の大切さについて考えていこうね。

ラスト

活動につなげるアイデア

「おとなの針が6になったら、部屋に戻ってきてね」や「おべんとうの時間のときは、おとなの針はどこかな」などと言い、楽しみながら時間について話したり、伝えたりしてみてください。

いま何時？
6じ〜
9じ〜

♪ とけいのうた
作詞：筒井敬介／作曲：村上太朗（1番のみ掲載）

生活習慣に親しむ

作り方

素材 カラー手袋（紫） フェルト トイクロス（赤・青） 動眼 刺繍糸 スナップボタン 面ファスナー（オス）

1 時計、針、時計の顔を作る。

2 手袋に時計とトイクロスを貼り、顔の裏に面ファスナー（オス）を貼る。

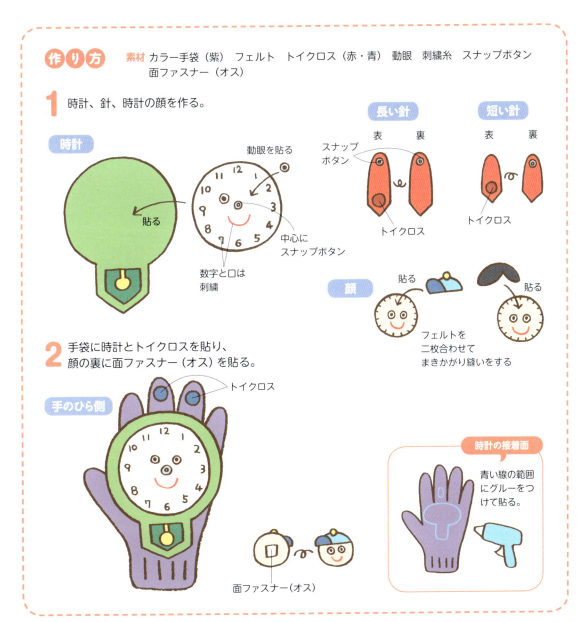

生活習慣に親しむ

楽しいアイテムと表情豊かな女の子が、はみがきの大切さを教えてくれる！

はみがき

所要時間 5〜7分　型紙 p.139

スタンバイ

みんなのお口の中はいつもきれいかな？今日ははみがきの大切さについておはなしをしていくね。

手の甲側
手袋の甲側に泣いている目や涙、虫歯をつけておく。

1

セリフ 大きな口をあーーん。わたしケーキもキャンディも、甘い物大好き！……だけど食べたままで口の中をほうっておくと……

おいしいなー

おおきな口だね〜

ケーキとキャンディを口の中につける。

2

セリフ 歯が痛いよー。
あっ！歯が黒くなっちゃったよー。

- 目 ＞＜
- 虫歯 ●●▶
- 涙 💧

目、虫歯、涙をつける。

え～ん！
歯が痛いよ～

演じ方POINT！
泣いている目や虫歯の歯、涙のしずくなど細かいアイテムは手袋の甲側にスタンバイしておくと、演じやすいです。

生活習慣に親しむ

3

セリフ ほらほら、
バイキン虫がやってきたよ。

ヒッヒッヒッ～
バイキンは
食べ残しが
大好きさ～。

バイキン虫を
口元につける。

歯医者さんに
行ったらいいよ

はみがきして～

4

セリフ バイキン虫を
やっつけるためにも、
ちゃんと歯を磨こうね。

歯を磨きましょう。
シュッシュッシュッ！
ゴシゴシゴシ！

歯ブラシで虫歯部分やバイキン虫を磨く仕草をする。

5 🗨 歯を磨いた後は、
口をしっかりゆすごうね。
グチュグチュグチュ
…ペー！

グチュグチュ
グチュ…
ペー！

コップを持って、
口元に近づける。

6 🗨 わぁ〜やられた〜。
これじゃあ虫歯が
増やせないよ〜。
さっさと逃げよう。

わぁ〜
やられた〜。

泣いている目、涙、
虫歯をとり、目は、
最初につけていたも
のを再びつける。

バイキン虫をはずす。

7 ラスト

はみがきをきちんとして、
バイキン虫がにげてく
ピカピカの歯にしようね。

バイキン虫を手袋からとり、
話をして終わる。

生活習慣に親しむ

給食、食育、遠足前など、いろいろな場面で演じて楽しむことができる！

おべんとうのうた

所要時間 5〜7分　型紙 p.141

スタンバイ

今からおべんとうばこの中に大好きなおにぎりやおかずを入れていくね。どんなものが入っていくかよく見ててね。

手の甲側

子どもとスプーンをつけておく。

手のひら側

指におべんとうのおかずのアイテムをつけておく。

1 ♪これくらいの　べんとばこに

おべんとう箱のりんかくを、指でなぞる。

ぼくのおべんとうばこの方が大きいよ

はいるかなー

2

♪ おにぎり おにぎり　　　　　　　　　♪ ちょっとつめて

おにぎりを前に出し、　　　　　　　　おべんとう箱につける。

生活習慣に親しむ

3

♪ きざみしょうがに
　ごましおふって

ごましおをかける
仕草をする。

パラパラ
パッパッ！

4

にんじんを前に出し、おべんとう箱につける。

♪ にんじん　　　　♪ さん

5

さくらんぼを前に出し、おべんとう箱につける。

♪ さくらんぼ　　　　♪ さん

6 しいたけを前に出し、おべんとう箱につける。

♪ しいたけ　　　♪ さん

7 ごぼうを前に出し、おべんとう箱につける。

♪ ごぼう　　　♪ さん

8 れんこんを前に出し、おべんとう箱につける。

♪ あなのあいたれんこん　　　♪ さん

9 ふきを前に出し、おべんとう箱につける。

♪ すじのとおった ふー　　　♪ き

10 ラスト

手袋の甲側にスタンバイしてしていた男の子とスプーンをつけて、おべんとうや食べ物についてのはなしをして楽しむ。

栄養満点のおべんとうのできあがり！
おなかペコペコだよ。
何から食べようか？

おにぎりがいい～
さくらんぼ

♪ これくらいの べんとばこに　わらべうた

これくらいの　べんとばこに　おにぎりおにぎりちょっとつめて
きざーみしょうがに　ごましおふって　にんじんさん　さくらんぼさん　しいたけさん
ごぼうさん　あなーのあいた　れんこんさん　すじーのとおったふーき

生活習慣に親しむ

作り方

素材 カラー手袋（うすピンク）　フェルト　トイクロス（赤・ピンク・黄）　動眼　刺繍糸　綿　ひも（緑）　面ファスナー（オス）

1 食べ物や顔などのアイテムを作る。

2 手袋にトイクロスを貼り、1のアイテムの裏に面ファスナー（オス）を貼る。

生活習慣に親しむ

てあらい

かわいい手袋シアターを使って、楽しみながらてあらい指導！

所要時間 5〜7分 ／ 型紙 p.142

スタンバイ

みんなの手はきれい？
今日は手についたバイキンやよごれを落とすためのてあらいについて、おはなしをしていくね。

バイキンを手袋の甲側につけて、他のアイテムはエプロンのポケットに入れておく。

 エプロンポケット

 手の甲側

1 手の甲側のバイキンを見せ、子どもたちとのやりとりを楽しみながら、てあらいをすることを伝える。

外あそびから帰った
みんなの手には
何がついているかな？

てをあらうよ〜
どろ〜

2 手のひら側を子どもに向け、水道に水のアイテムをつける。

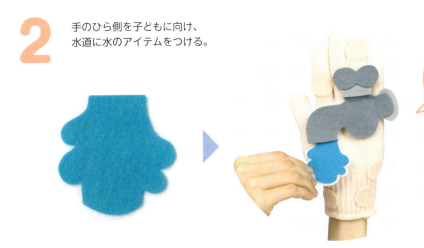

手を洗うよ。まずはお水を出してね。

3 ハンドソープをポケットから出して、園の方針に合わせて使い方や約束事を伝える。

ポンプは1回おしてね

せっけんの場合はコチラ。

> **活動につなげるアイデア**
> 手袋シアターを使って、楽しくてあらいの仕方について話すことができます。

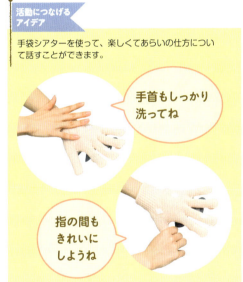

手首もしっかり洗ってね

指の間もきれいにしようね

4 バイキンを水のアイテムの下につける。

泡をしっかり流してバイキンたちさようなら

バイキンバイバーイ！

生活習慣に親しむ

5 ラスト

「てあらいをしっかりした手は どうなったかな？
ピカピカだね。みんなも一緒に 練習をしたから大丈夫だね！」

手袋の甲側を子どもに見せる。

ピカピカだー！

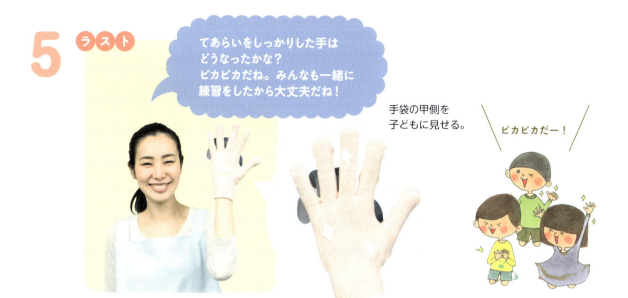

作り方

素材 カラー手袋（肌色）　フェルト　トイクロス（白・肌色）　丸ゴム　面ファスナー（オス）

1 せっけんやバイキンなどのアイテムを作る。

- せっけん　貼る
- バイキン　丸ゴム　貼る　貼る
- 水道　貼る
- ハンドソープ　貼る　貼る
- 水　貼る　フェルトを二重にする

2 手袋に水道とトイクロスを貼り、せっけんやバイキンなどのアイテムの裏に面ファスナー（オス）を貼る。

手のひら側　　手の甲側

トイクロス　　面ファスナー（オス）

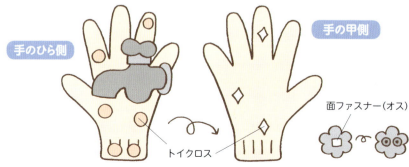

手袋シアターを楽しむために

手袋シアターのきほんの作り方、
使っている道具・材料、演じ方などを紹介。
園や子どもたちに合わせてアレンジしながら楽しんでください。

手袋シアターのきほんの作り方

1 巻末の型紙をコピーし、フェルトを型紙に沿って切る。アイテムに合わせてフェルトを縫い合わせたり、綿をつめたりする。大きいアイテムは2枚のフェルトに接着芯をはさむと安定する。

2 縫い合わせる部分は刺繍糸や普通の手縫い糸を使い、まきかがり縫いで縫う。刺繍部分はアウトラインステッチで。

まきかがり縫い	アウトラインステッチ
▶詳しくはP.105	▶詳しくはP.105

3 アイテムができたら面ファスナーのオス※をアイテムの裏にボンドやグルーガンで貼る。

※面ファスナーのオス

表面がチクチク、ギザギザでフック状になっている方です。アイテムの表側に面ファスナーを貼るときは、フェルトの色に合わせた面ファスナーを使います。

4 手袋に必要なパーツを貼って舞台を作り、アイテムをつけたりはずしたりしたい部分にグルーガンでトイクロスをつけて完成！

※ポイント
舞台となるパーツを手袋に貼るときは、全面にグルーをつけて貼ると動かしづらくなります。各作り方に記載されている接着面の図を参考にしてください。

まきかがり縫い

1 布の間に玉結びがくるように針を入れる。

2 布をとじ合わせるようにして針を斜めに入れて縫う。

3 針目の間隔が同じようになるように縫い進める。

4 縫い終わりも布の間で玉止をしてできあがり！

アウトラインステッチ

  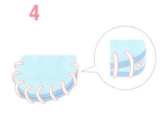

1 1から針を出したら、2に刺し、3から出す。（1と3は同じ針穴となる。）

2 4に刺し、5から出す。（2と5は同じ針穴となる。）

3 同様に繰り返す。

4 できあがり！

ステッチを入れるといきいきした表情に！

使っている道具・材料

主な道具

ハサミ
フェルトやトイクロスなどの材料を切るときに愛用しているハサミです。
amico愛用→アルスコーポレーション株式会社『ホビークラフト多用途はさみ』

問合せ先(アルスコーポレーション：0120-833-202)

強力ボンド
触角や細かいパーツを接着するときに使います。

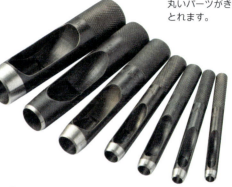

ポンチ
丸いパーツがきれいに切りとれます。

消えるチャコペン
フェルトに下書きしやすいインクタイプののチャコペンを使います。
amico愛用→アドガー工業株式会社『チャコエースⅡ(紫)』

問合せ先（アドガー工業株式会社：048-927-4821)

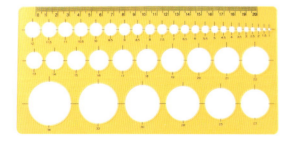

丸定規
様々なサイズの丸いパーツの下書きに使います。

グルーガン
フェルトやトイクロスなどをすばやく接着します。

サークルカッター
大きな丸がきれいに切りとれます。

主な材料

フェルト
アイテムや土台を作ります。

トイクロス（マジッククロス）
アイテムをつけたりはずしたりしたい部分に貼ります。

カラー手袋
手袋シアターの舞台に使います。

面ファスナー
面どうしをつけたりはがしたりできる素材。アイテムの裏に貼ります。

amicoより 道具・材料アドバイス

- フェルトやハサミ、ポンチは100円均一でも売っていますが、やはり手芸店で売っているものの方が作りやすく長持ちで、しっかりしています。特にハサミは切れ味のよいものをおすすめします。
- 顔やトイクロスなど丸い形は、丸定規で、大きな丸はサークルカッターを使うときれいに仕上がり、完成品のレベルが上がります。
- 触角や細かいパーツはピンセットを使うと扱いやすく、作業がしやすくなります。

丸ゴム　動眼

鈴、ベル　リボン

きほんの演じ方

1 アイテムは演じるものに合わせて事前にポケットや、手袋裏（手の甲側）にスタンバイさせておきます。アイテム数が多いときは近くに机や台を置いて、そこにスタンバイさせてもOK。

2 カラー手袋を舞台に手あそびや歌、おはなしに合わせてアイテムを動かしていきます。

3 「こんなときはどうしようか？」「次は何が出てくるかな？」など好奇心いっぱいの子どもたちの心をくすぐるような言葉かけをして、やりとりをするとより楽しめます。

4 「必ずこうやって演じてください！」といった決まりはありません。目の前にいる子どもの指さしやつぶやき、反応に合わせて自由にアレンジして楽しく演じてくださいね！

こんなときに演じてみよう！

季節や行事に合わせて演じてみよう！

視覚的にわかりやすい手袋シアターを通して、季節や行事について楽しく知ることができます。

絵本を読む前や活動の導入に演じてみよう！

活動に関連した手袋シアターを見ることで、事前に子どもたちの好奇心やイメージが膨らみ、その後の活動がより楽しめます。

ざわざわと落ち着かない雰囲気のときに演じてみよう！

手袋シアターを静かに見ることで気持ちのクールダウンにつながり、集中しやすくなります。

帰りの会などのあつまりの前に演じてみよう！

朝の会、帰りの会などのあつまりを行う前、子どもたちの意識を引きつけることができます。

視覚教材としての手袋シアター

1 手あそびやうた、おはなしをしながら演じる手袋シアターは、※視覚教材としての効果があります。

2 子どもは手袋シアターを耳と目、両方使って楽しみます。左脳で歌詞（言葉）を認識し、右脳では視覚（五感）を認識します。

3 左脳と右脳を一緒に機能させることにより、人間は多くの情報を要領よく処理して、柔軟に対処できる力が備わるようになります。

4 脳の活性を促したり、集中力を養ったりすることにもつながる手袋シアター。何よりも"楽しい！"ということが、子どもの心や体にとっていちばんよい効果のように思います！

※**視覚教材とは**
視覚と聴覚に訴えながら、子どもの成長を促すための教材。絵本やペープサートなどもあてはまります。

他にもいろいろ 手袋シアターの良いところ

手軽さと演じやすさ
- コンパクトで持ち運びがしやすいため、手軽に演じることができる。
- 短い時間で演じることができるので、取り組みやすい。

手作り教材のあたたかさ
- 布やフェルト特有のあたたかみがある。
- 身近な素材だから、手軽に手作りの教材を楽しめる。

子どもが参加できる
- 子どもたち自身がアイテムをつけたり、とったりするなど参加型で楽しむこともできる。
- 問いかけや言葉かけをしながら、子どもとのやりとりを楽しめる。

扱いやすい素材
- もし汚れても手洗いができて、衛生的。
- 乳児とのふれあいあそびに使っても安心な素材。

伴奏コード

本書の楽譜と合わせてお使いください。

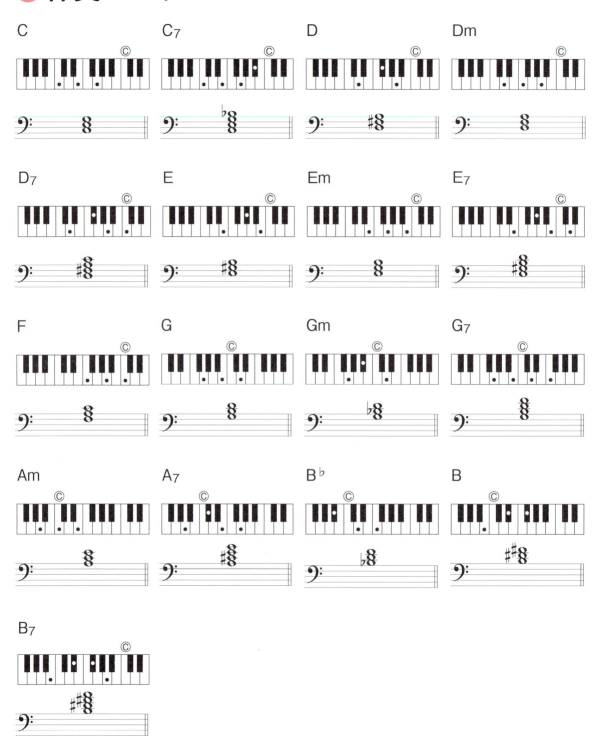

型紙

作品ページ P.8

キャベツのなかから

※全て実寸です。そのままコピーしてお使いください。
　パーツを貼り重ねる部分には、適宜のりしろをとってお使いください。

コロコロたまご

作品ページ P.12

※全て実寸です。そのままコピーしてお使いください。
パーツを貼り重ねる部分には、適宜のりしろをとってお使いください。

おはなしゆびさん

※全て実寸です。そのままコピーしてお使いください。
　パーツを貼り重ねる部分には、適宜のりしろをとってお使いください。

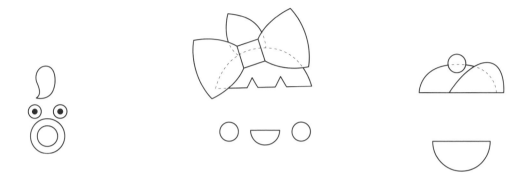

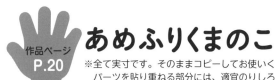

あめふりくまのこ

作品ページ P.20

※全て実寸です。そのままコピーしてお使いください。
パーツを貼り重ねる部分には、適宜のりしろをとってお使いください。

カタツムリとカエル

作品ページ P.28

※全て実寸です。そのままコピーしてお使いください。
　パーツを貼り重ねる部分には、適宜のりしろをとってお使いください。

どんぐりころころ

作品ページ P.32

※全て実寸です。そのままコピーしてお使いください。
パーツを貼り重ねる部分には、適宜のりしろをとってお使いください。

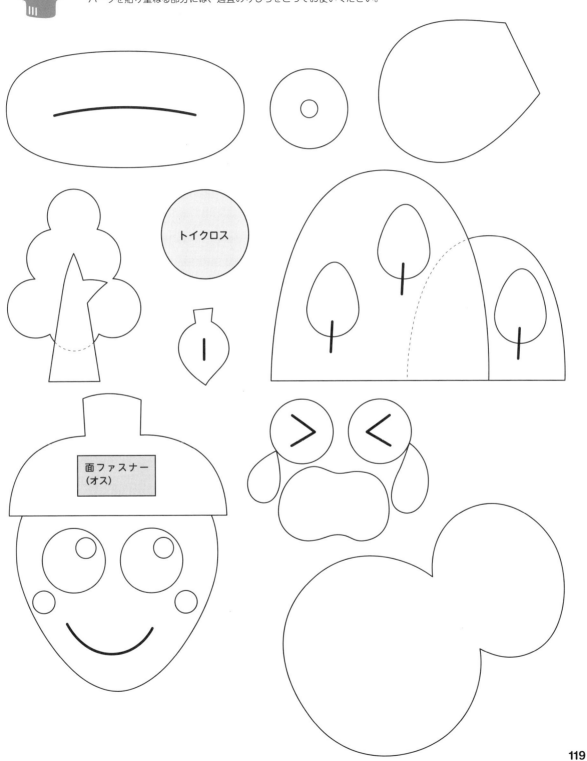

とんぼのめがね

作品ページ P.36

※全て実寸です。そのままコピーしてお使いください。
　パーツを貼り重ねる部分には、適宜のりしろをとってお使いください。

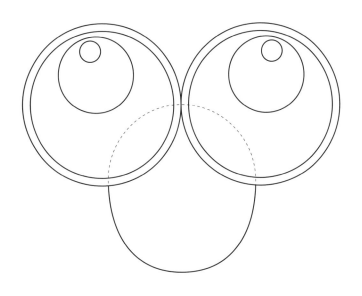

待機用の
トイクロス

トイクロス

やきいもグーチーパー

作品ページ P.40

※全て実寸です。そのままコピーしてお使いください。
パーツを貼り重ねる部分には、適宜のりしろをとってお使いください。

松ぼっくり

作品ページ P.44

※全て実寸です。そのままコピーしてお使いください。
　パーツを貼り重ねる部分には、適宜のりしろをとってお使いください。

松ぼっくり

作品ページ P.44

※全て実寸です。そのままコピーしてお使いください。
　パーツを貼り重ねる部分には、適宜のりしろをとってお使いください。

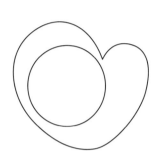

面ファスナー
（オス）

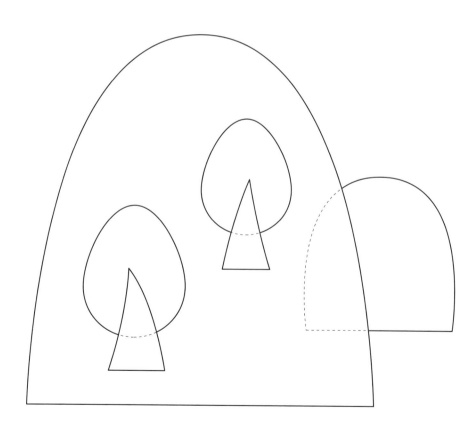

あわてん坊のサンタクロース

作品ページ P.48

※全て実寸です。そのままコピーしてお使いください。
　パーツを貼り重ねる部分には、適宜のりしろをとってお使いください。

125

節分 〜オニとおたふくさん〜

作品ページ P.52

※全て実寸です。そのままコピーしてお使いください。
パーツを貼り重ねる部分には、適宜のりしろをとってお使いください。

トイクロス

ゆきダルマのチャチャチャ

作品ページ P.56

※全て実寸です。そのままコピーしてお使いください。
　パーツを貼り重ねる部分には、適宜のりしろをとってお使いください。

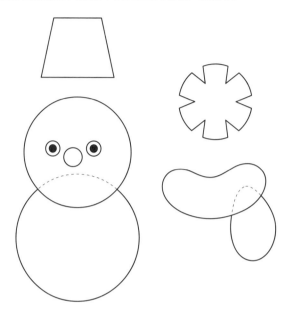

きらきらぼし

作品ページ P.60

※全て実寸です。そのままコピーしてお使いください。
　パーツを貼り重ねる部分には、適宜のりしろをとってお使いください。

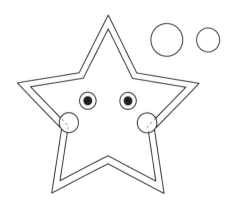

作品ページ P.64 **どんな色がすき?**

※全て実寸です。そのままコピーしてお使いください。
パーツを貼り重ねる部分には、適宜のりしろをとってお使いください。

トイクロス

クレヨン

トイクロス・
面ファスナー（オス）

5つのメロンパン

作品ページ P.68

※全て実寸です。そのままコピーしてお使いください。
パーツを貼り重ねる部分には、適宜のりしろをとってお使いください。

トイクロス

リンゴがコロコロ

作品ページ P.72

※全て実寸です。そのままコピーしてお使いください。
　パーツを貼り重ねる部分には、適宜のりしろをとってお使いください。

トイクロス

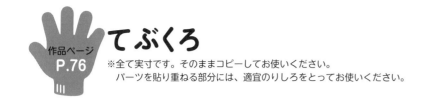
てぶくろ

作品ページ P.76

※全て実寸です。そのままコピーしてお使いください。
パーツを貼り重ねる部分には、適宜のりしろをとってお使いください。

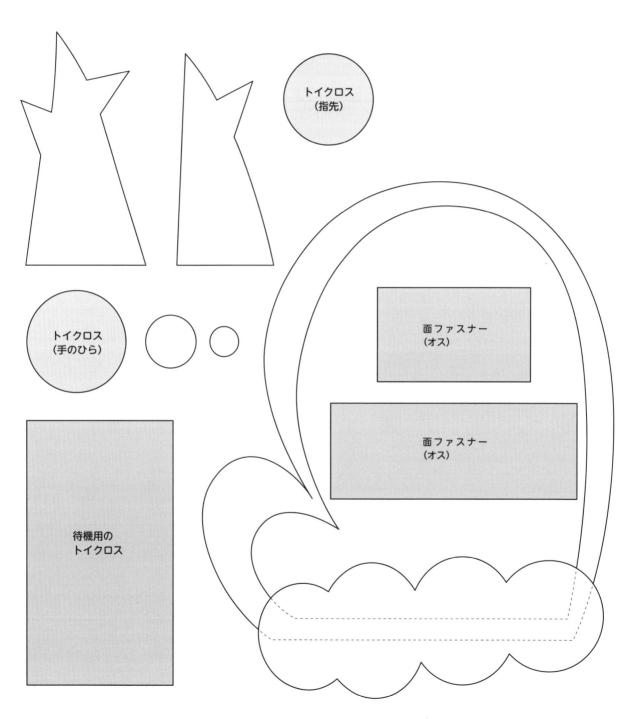

ももたろう

※全て実寸です。そのままコピーしてお使いください。
パーツを貼り重ねる部分には、適宜のりしろをとってお使いください。

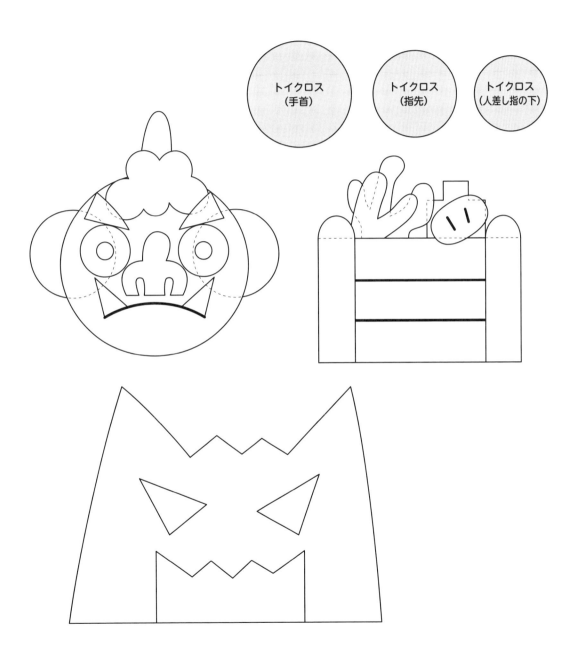

にんじん だいこん ごぼう

作品ページ P.84

※全て実寸です。そのままコピーしてお使いください。
パーツを貼り重ねる部分には、適宜のりしろをとってお使いください。

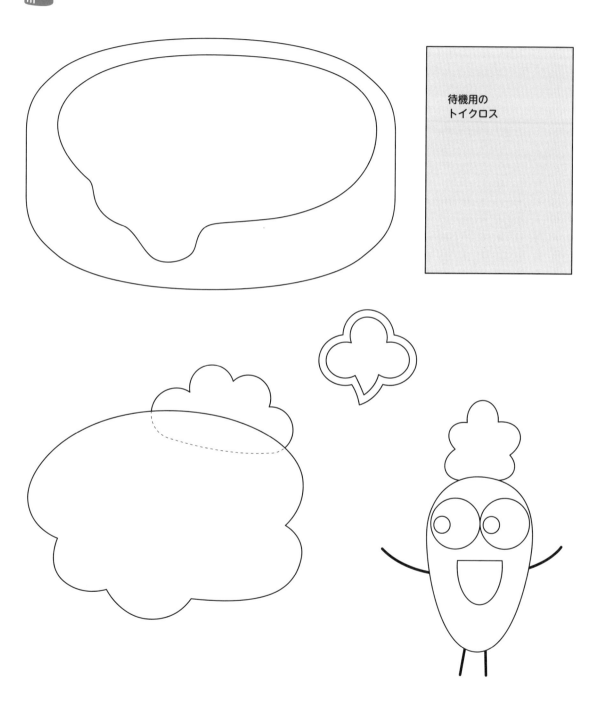

待機用の
トイクロス

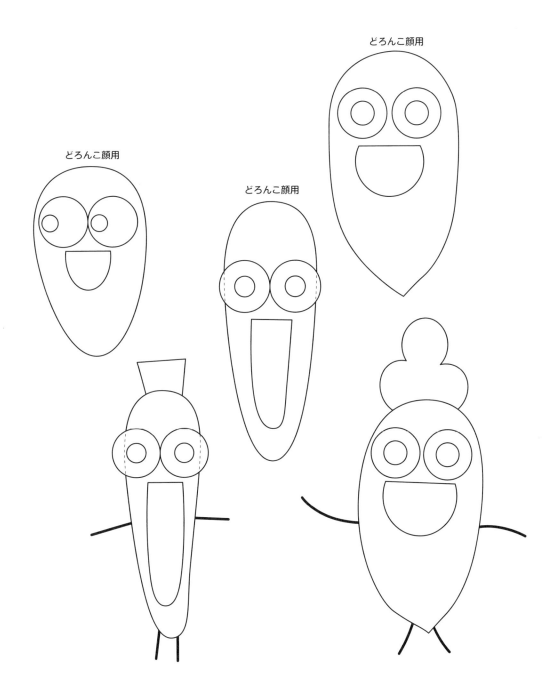

とけいのうた

作品ページ P.88

※全て実寸です。そのままコピーしてお使いください。
　パーツを貼り重ねる部分には、適宜のりしろをとってお使いください。

はみがき

作品ページ P.92

※全て実寸です。そのままコピーしてお使いください。
　パーツを貼り重ねる部分には、適宜のりしろをとってお使いください。

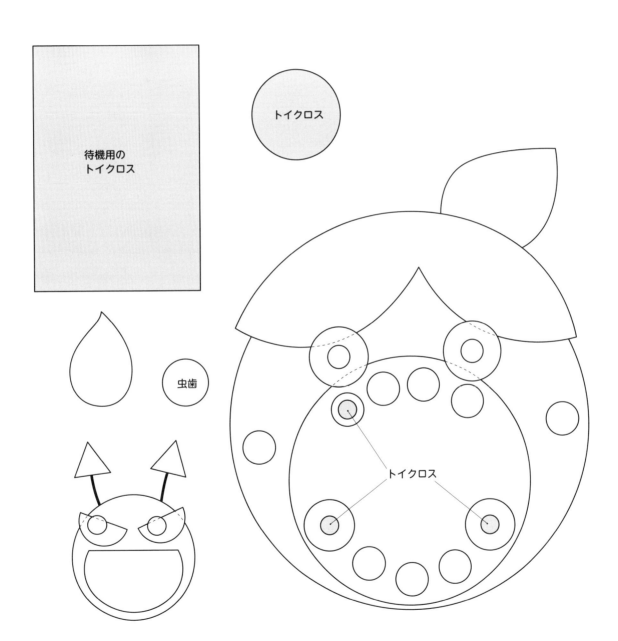

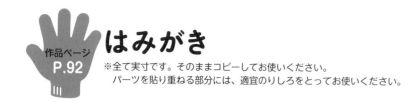

はみがき

作品ページ P.92

※全て実寸です。そのままコピーしてお使いください。
　パーツを貼り重ねる部分には、適宜のりしろをとってお使いください。

おべんとうのうた

作品ページ P.96

※全て実寸です。そのままコピーしてお使いください。
パーツを貼り重ねる部分には、適宜のりしろをとってお使いください。

トイクロス

待機用のトイクロス

てあらい

作品ページ P.100

※全て実寸です。そのままコピーしてお使いください。
パーツを貼り重ねる部分には、適宜のりしろをとってお使いください。

トイクロス

おわりに

偶然にもこの本に直接関わった方には元保育士さんが多く、おかげでとても勉強になり、楽しく作業をさせていただきました！

幼稚園教諭を退職し、娘たちが大きくなるにつれまた保育に関わる仕事がしたい！と想い、頼まれた保育教材をただただ毎日ワクワクしながら作っていました。今では本当にたくさんのご縁をいただき、日本47都道府県全部の地域、さらには国を越え、海外にも手袋ちゃんはお嫁入りしています。
たくさんの笑顔と出会えているかなぁ♪

私が手袋シアターを作り続けられるのは、実習させていただいた幼稚園と、働かせていただいた幼稚園と先生方。保育の基礎を教えてくれた学校。作品を作るうえでいろんな案をくださり、いつも温かい言葉をかけてくださるショップで出会った先生方。保育サロン Kosugibeans麻琴先生。わらべうたベビーマッサージきらりんくの亜弥先生。保育士を目指し一緒に学んだ7人会のみんな。ロゴを制作してくださった消しゴムはんこred *smileのkecoさん。素敵な絵に惚れてお願いしたイラストレーターのtaemiさん。応援してくれるしあわせ島ごはんまどみオーナーとスタッフ。愉快な心友たち。
近くで支えてくれるスタッフのkanaL、maiさん、miwakoさん、yuukoさん。いつも協力してくれる私の大切な家族と両親。妹家族と面白い親戚たち。そして、この本の企画を通してくださり素敵な本に仕上げてくれた大好きな編集の齋藤さんと晴日さん。関わってくださったみなさまのおかげです。

本当に本当にありがとうございます♪
全てに感謝します！

amico

●著者

amico

1977年3月生まれ。淡路島出身・神戸在住。
おもしろいこと楽しいことが大好き。
元幼稚園教諭の経験を生かして、スタッフたちと手袋シアターを製作販売。
たくさんの先生方の協力を経て、HPを立ち上げデザインを公開中。
『amicoの手袋シアター』商標登録第5709509号

amicoの手袋シアター 検索

みなさんに
ワクワクして
もらえたら
嬉しいです♪

● staff

本文・装丁デザイン	鷹觜 麻衣子
イラスト	taemi
作り方イラスト	ささき ともえ
撮影	横田 裕美子（STUDIO BANBAN）
モデル	大滝 有希子・加藤 裕月（GURRE）・名倉 愛（GURRE）
楽譜浄書	長尾 淳子
型紙	坂川 由美香
校正	みね工房
編集・制作	株式会社童夢
編集担当	齋藤 友里（ナツメ出版企画株式会社）

本書に関するお問い合わせは、書名・発行日・該当ページを明記の上、下記のいずれかの方法にてお送りください。電話でのお問い合わせはお受けしておりません。
・ナツメ社webサイトの問い合わせフォーム
　https://www.natsume.co.jp/contact
・FAX（03-3291-1305）
・郵送（下記、ナツメ出版企画株式会社宛て）
なお、回答までに日にちをいただく場合があります。正誤のお問い合わせ以外の書籍内容に関する解説・個別の相談は行っておりません。あらかじめご了承ください。

ナツメ社Webサイト
https://www.natsume.co.jp
書籍の最新情報（正誤情報を含む）は
ナツメ社Webサイトをご覧ください。

保育で使える！ワクワク手袋シアター

2017年2月23日　初版発行
2023年4月1日　第17刷発行

著　者	amico
発行者	田村正隆

© amico, 2017

発行所　株式会社ナツメ社
　　　　東京都千代田区神田神保町1-52　ナツメ社ビル1F（〒101-0051）
　　　　電話 03-3291-1257（代表）　FAX 03-3291-5761
　　　　振替 00130-1-58661
制　作　ナツメ出版企画株式会社
　　　　東京都千代田区神田神保町1-52　ナツメ社ビル3F（〒101-0051）
　　　　電話 03-3295-3921（代表）
印刷所　図書印刷株式会社

ISBN978-4-8163-6179-1
JASRAC 出 1615537-317
〈定価はカバーに表示してあります〉
〈乱丁・落丁本はお取り替えします〉

Printed in Japan

本書の一部または全部を著作権法で定められている範囲を超え、ナツメ出版企画株式会社に無断で複写、複製、転載、データファイル化することを禁じます。